Edda Skibbe · Katja Reider

Dich mag ich besonders gern!

Dich mag ich besonders gern!

Eine Geschichte von Katja Reider
Mit Bildern von Edda Skibbe

Ravensburger Buchverlag

„Seht mal, wo ich schon bi-hiiin!“, ruft Konrad vom Kletterbaum herunter.
„Pah, Babykram!“, prahlt Ben. „Ich war eben viel höher! Guck mal, Lilly, ich schaukle bis in den Himmel! – LILLYYY!“
Aber Lilly guckt nicht. Jedenfalls nicht zum Kletterbaum und nicht zur Schaukel. Lilly schielt hinüber zu Finn.
Erst seit einer Woche ist er hier im Kindergarten und noch etwas schüchtern. Aber nett, hat Lilly entschieden.
Was sucht Finn da nur im Gras?
Das will Lilly jetzt aber wissen …

„Hast du was verloren?“, fragt Lilly.
„Nö“, antwortet Finn. „Ich guck nur.“
„Und was guckst du?“
„Kleeblätter“, sagt Finn.
„Kleeblätter?“, wiederholt Lilly.
Finn nickt. „Sieh mal, wie schön die sind!“
„Hmm“, macht Lilly.

„Vielleicht finde ich ja mal eins mit vier Blättern“, sagt Finn.
„Die bringen Glück!“
„Oh“, sagt Lilly. „Kann ich mitsuchen?“
Da rückt Finn ein kleines Stück zur Seite, sodass Lilly sich neben ihn hocken kann.

Als die beiden später zusammen die Spielsachen einräumen, sagt Lilly: „Du, ich glaube, bei uns wachsen auch solche Blätter."
„Kleeblätter?", fragt Finn. „Bei euch im Garten?"
Lilly nickt und krabbelt schnell in das große Indianerzelt.
„Wenn du willst, kannst du ja mal gucken kommen", ruft sie von drinnen.
„Heute?", fragt Finn eifrig.

„Heute geht es nicht“, mischt sich Ulla, die Erzieherin, ein. „Montags ist Lilly immer mit Sofie verabredet.“

Lilly zieht eine Schnute. Mit Sofie mag sie schon lange nicht mehr spielen. Aber ihre Mamas verabreden sich immer wieder. Nur damit die beiden in Ruhe quatschen können.

Das weiß Lilly ganz genau. Lilly steckt ihren Kopf aus dem Zelt. „Ich will mich heute aber mit Finn verabreden, nicht mit Sofie“, sagt sie.

Ulla lacht. „Klär das mit deiner Mama, da drüben kommt sie.“

ALSO WIRKLICH, LILLY!
DAS IST VIEL ZU KURZFRISTIG!
WIE DENKST DU DIR DAS DENN?
WAS SOLL ICH NUR SOFIES MAMA
SAGEN?

Natürlich hat Lillys Mama sofort jede Menge Einwände.
Mama ist ziemlich gut im Einwände-haben.
Lilly auch.
„Ich will aber!“, sagt sie. „Bitte, Mama! Bittebittebitte!!!“
Lillys Mama seufzt. Dann ruft sie Sofies Mutter an,
dann ruft sie Finns Mutter an und dann gehen sie nach Hause.
Mama, Lilly und Finn.

Mama bringt Lilly und Finn einen Teller mit Apfelschnitzen.
„Na, spielt ihr schön?“, fragt sie.
„Hmm“, machen Lilly und Finn.
Sie gucken sich an und schnell wieder weg.
Finn knibbelt an seinen Knien herum.
„Ich werd bald fünf“, sagt Lilly plötzlich.
„Ich auch“, sagt Finn. „Hast du eine Eisenbahn?“
Lilly schüttelt den Kopf.

Finn malt Kreise in die Luft. „Was willst du spielen?“, fragt er.
„Weiß nicht“, sagt Lilly und guckt an die Decke. „Und du?“
„Weiß auch nicht“, murmelt Finn.
Aber dann fallen Lilly die Kleeblätter wieder ein …

„Du magst Finn gern, nicht wahr?“, fragt Mama später.
Lilly nickt.
„Lieber als die anderen Jungen im Kindergarten?“,
bohrt Mama weiter.
Schnell versteckt Lilly ihr Gesicht in Teddys Fell.
„Kann ich morgen den Pullover von Oma anziehen?“, fragt sie.
„Den dicken Wollpulli? Mitten im Sommer?!“
Mama schüttelt den Kopf.
„Bitte, bitte!“, sagt Lilly.

LILLY
FINN

„Boah, was hast du denn da an?“, ruft Sofie, als Lilly in den Kindergarten kommt.
„Ist dir nicht total heiß?“, fragt Konrad.
„Vielleicht fällt sie ja gleich um“, überlegt Ben. „Meine Tante hat mal so geschwitzt, dass sie umgefallen ist. Krach-Bumm!“
„Ich fall aber nicht um“, sagt Lilly.
„Willst du den Pullover nicht wenigstens hier drin ausziehen, Lilly?“, fragt Ulla.
Lilly schüttelt den Kopf. Sie schaut sich um.
Wo bleibt denn Finn heute? Ist er etwa krank?
Nein, da kommt er endlich.
„Das ist aber ein schöner Pullover“, sagt Finn.
Und Lilly strahlt.

„Heute machen wir einen Ausflug zum Waldspielplatz!“, verkündet Ulla nach dem Frühstück. „Holt bitte eure Rucksäcke und vergesst die Trinkflaschen nicht, ja? Wer fertig ist, kann sich schon draußen aufstellen.“

„Komm schnell!“, ruft Lilly Finn zu. „Dann können wir ganz vorn gehen.“ Die beiden schnappen ihre Sachen und stürmen hinaus.

„Bei Ausflügen müssen wir uns immer anfassen, damit keiner verloren geht“, erklärt Lilly, „so!“ Vorsichtig nimmt sie Finns Hand. Warm fühlen sich seine Finger an. Ein bisschen schwitzig, aber schön. Finn hält ganz still, seine Augen lächeln.

Da kommen auch die anderen.
Plötzlich bleibt Ben stehen und fängt an zu kichern. Er stößt Konrad an.
Der zeigt feixend auf Lilly und Finn.
Und Sofie ruft:
„Guckt mal, die sind verliebt!“

Finns Hand zuckt zurück. Sein Gesicht glüht.
„Stimmt ja gar nicht!“, sagt er leise.
„Stimmt ja wohl!“, ruft Ben. „Passt auf, gleich küssen sie sich!“
„Iiiiiiiihhhhh!“, kreischen alle.
„Was ist denn hier los?“, ruft Ulla dazwischen.
„Lilly und Finn sind verliebt“, quietscht Sofie triumphierend.
„Na und?“, sagt Ulla, „das ist doch schön“.

„Nee, das ist Quatsch“, sagt Konrad. „Weil Mädchen doof sind.
Und wer das nicht weiß, ist ein Eierloch!“
Die Jungen grölen. Finn schaut sich unsicher um.
Aber dann lacht er mit. Sogar ganz laut.
„Selber Eierloch“, sagt Lilly zu Konrad.
Dabei schaut sie Finn an. Aber Finn guckt schnell weg.
Er steht jetzt zwischen Konrad und Ben.
Lilly ist plötzlich kalt. Trotz ihres dicken Pullovers.
Da nimmt Ulla Lillys Hand und lächelt ihr zu:
„Wollen wir zwei zusammen gehen?“
Lilly nickt. Ihre Kehle ist wie zugeschnürt.
Am Waldspielplatz zertritt Lilly alle Kleeblätter,
die sie finden kann.
Ob Finn guckt? Nein, er schaut kein einziges Mal zu ihr herüber!

„Hast du die Kleeblätter für deine Geburtstagseinladungen vorbereitet?“, fragt Mama.
Lilly schüttelt lustlos den Kopf.
Noch heute Morgen hat sie sich so gefreut – auf das Basteln, auf ihren Geburtstag und überhaupt. Und jetzt …?
Mama seufzt. „Aber du wolltest doch auf jede Einladung ein Kleeblatt kleben! Und auf die Karte für Finn wolltest du …“

„Finn lade ich nicht ein!“, sagt Lilly.
„Aber warum denn nicht, Mäuschen?“, fragt Mama erstaunt.
Lilly presst die Lippen zusammen. Und dann bemalt sie die Karten.
Mit bunten Blumen, nicht mit Kleeblättern!

Am nächsten Morgen verteilt Lilly ihre Einladungen.
Zuerst an Nele und Hülya. Auch Paulina und Max bekommen eine und sogar Sofie – darauf hat Mama bestanden.
Jetzt ist nur noch eine einzige Einladung übrig.
Lilly steuert auf die beiden Jungen in der Bau-Ecke zu.
„Ich hab am Sonntag Geburtstag", sagt Lilly. „Magst du kommen?"
„Klar!" Freudig streckt Finn die Hand aus.
Aber Lilly reicht Hendrik die Karte.

Finns Hand sinkt herab. Mit knallrotem Gesicht läuft er raus.
„Danke, Lilly!“, sagt Hendrik. „Was wünschst du dir denn?“
Doch Lilly antwortet nicht. Sie möchte am liebsten weinen.

Es ist schon fast Abend, als es an der Tür klingelt.
Neugierig folgt Lilly Mama in den Flur. Wer kann das sein?
Nanu! Da steht ja Finn mit einem kleinen Kuchen in der Hand!
„Das Kleeblatt obendrauf ist aus Marzipan“,
sagt Finn schnell.
„Da hat Mama ein bisschen geholfen, aber sonst … hab ich …
also … weil … ich so blöd war …“
Lilly schluckt. „Und von mir war’s blöd, dich nicht einzuladen.
Zu meinem Geburtstag, meine ich.“
„Soll ich denn kommen?“, fragt Finn leise.
Lilly nickt eifrig.
Finn lächelt. „Toll! Aber jetzt muss ich los. Mama wartet unten.“
Bevor Lilly etwas sagen kann, hat Finn ihr einen Kuss
auf die Wange gedrückt.
Dann rennt er fort – und sieht nicht mehr,
wie Lillys Augen strahlen …

Bibliografische Information Der Deutschen Bibliothek
Die Deutsche Bibliothek verzeichnet diese Publikation
in der Deutschen Nationalbibliografie;
detaillierte bibliografische Daten sind im Internet über
http://dnb.ddb.de abrufbar.

1 2 3 4 08 07 06 05

Postfach 1860 · D-88188 Ravensburg
Text: Katja Reider · Illustration: Edda Skibbe
Redaktion: Anja Lewe
Printed in Germany
ISBN 3-473-33985-7
www.ravensburger.de